AF391066

Vente du Samedi 23 Novembre 1867

OBJETS

DE LA PERSE

ARMES — BRONZES

TAPIS ET ÉTOFFES

Exposition publique le Vendredi 22 Novembre 1867

Mᵉ CHARLES PILLET,
COMMISSAIRE-PRISEUR

M. CHARLES MANNHEIM,
EXPERT

1867

CATALOGUE

D'UNE RÉUNION

D'OBJETS DE LA PERSE

BELLES ARMES & PIÈCES D'ARMURE

BRONZES

TAPIS & ÉTOFFES

DONT LA VENTE AURA LIEU

HOTEL DROUOT, Salle N° 3

Le Samedi 23 Novembre 1867

A 2 HEURES PRÉCISES

~~~~~~~~~~~~~~~~~~~~~~~~~~

Par le ministère de Me **Charles PILLET**, Commissaire-Priseur,
rue de Choiseul, 11,

Assisté de M. **Charles MANNHEIM**, Expert, rue de la Paix, 10.

Chez lesquels se trouve le Catalogue.

~~~~~~~~~~~~~~~~~~~~~~~~~~

EXPOSITION PUBLIQUE

Le Vendredi 22 Novembre 1867, de une heure à cinq heures.

CONDITIONS DE LA VENTE

Elle sera faite au comptant.

Les adjudicataires payeront *cinq pour cent* en sus des enchères.

L'exposition mettant le public à même de se rendre compte de l'état des objets, il ne sera admis aucune réclamation une fois l'adjudication prononcée.

863. — Paris. Imp. Pillet fils aîné, rue des Grands-Augustins, 5.

DÉSIGNATION DES OBJETS

Armes

1 — Casque en damas à bombe entièrement couverte de figures de cavaliers, d'arabesques et d'animaux finement gravés et damasquinés d'or. Il est enrichi de frises portant des inscriptions et des sujets de chasse damasquinés en or et il est garni de son colletin en mailles, partie en cuivre partie en acier.

2 — Rondache en damas de même travail et enrichie de quatre bossettes saillantes damasquinées en or.

3 — Brassard provenant de la même armure que les deux pièces qui précèdent ; il est garni de son gantelet en mailles.

4 — Casque en damas, dont la bombe damasquinée en or présente un décor d'arabesques ainsi que des frises d'ornements et des inscriptions. Il est garni de sa maille.

5 — Rondache en damas présentant un décor analogue et enrichie de bossettes saillantes damasquinées en or.

6 — Brassard en damas décoré aussi d'arabesques damasquinées en or. Il est garni de son gantelet en mailles.

7 — Beau casque en damas, dont la bombe présente des figures de cavalier finement gravées en relief, avec entourage d'ornements. Il offre de plus des frises d'ornements et des inscriptions damasquinées en or, et il est garni de son colletin en mailles.

8 — Brassard en damas de même travail, garni de son gantelet en mailles.

9 — Casque en damas, à bombe unie et frises d'ornements damasquinées en or. Il est garni d'un colletin en mailles.

10 — Brassard en damas, présentant un décor analogue et garni d'un gantelet en mailles.

11 — Rondache en fer gravé à médaillons représentant des combats d'animaux et enrichie de frises et d'ornements damasquinés en argent. Elle est garnie de six bossettes dorées.

12 — Rondache en peau de rhinocéros, décorée de sujets de chasse dorés.

13 — Corselet composé de quatre plaques en corne de rhinocéros, décorées d'ornements dorés et monture en fer, ornée d'arabesques en or.

14 — Sabre à lame courbe en damas, évidée à canaux creux et damasquinée en or. Poignée et garniture du fourreau en fer gravé et doré.

15 — Sabre à lame courbe en damas de belle qualité. Poignée en morse, avec garniture en fer gravé et doré. Fourreau en cuir gaufré.

16 — Sabre à lame courbe en damas, avec frise damasquinée

en or. Poignée, garnie ainsi que le fourreau en fer de même travail.

17 — Sabre à lame courbe en damas, poignée en morse garnie ainsi que le fourreau, en fer damasquiné en or.

18 — Sabre à lame courbe en damas, évidée à cannelures et damasquinée en or ; poignée en morse, garnie en fer gravé et damasquiné en or.

19 — Beau sabre à lame évidée en damas, portant des inscriptions damasquinées en or ; poignée en ivoire inscrustée et garnie en fer damasquiné en or ; fourreau en cuir gaufré garni de même.

20 — Sabre à lame courbe en damas, avec poignée et fourreau en fer damasquiné en or.

21 — Sabre à lame courbe, offrant à sa partie supérieure des inscriptions gravées et damasquinées en or ; poignée indienne en fer plaqué d'argent.

22 — Kama à lame évidée et damasquinée en or.

23 — Kama analogue à celui qui précède mais un peu plus petit.

24 — Khandjar à lame en damas et poignée en ivoire sculpté à figures et inscriptions. Le fourreau est garni en argent émaillé.

25 — Khandjar analogue à celui qui précède ; la partie inférieure de la lame est gravée.

26 — Autre khandjar à poignée en morse sculptée.

27 — Poignard à fourreau et poignée en fer gravé, à animaux et fleurs dorés sur fond bleu.

28 — Couteau à lame et garniture de la poignée en damas, à ornements damasquinés en or.

29 — Couteau analogue à celui qui précède; la lame de celui-ci est enrichie d'ornements gravés.

30 — Couteau analogue à celui qui précède mais un peu plus petit.

31-34 — Neuf couteaux à lames en damas, gravées ou damasquinées en or et poignées en morse. Ils seront vendus par lots.

35 — Couteau à lame damasquinée en or et poignée en fer damasquinée en argent.

36 — Couteau analogue à celui qui précède; la poignée de celui-ci est cannelée.

37 — Khandjar à lame damasquinée en or et arêtes saillantes. Poignée en fer gravé à fleurs et ornements damasquinés en or.

38 — Deux poignards, l'un à manche d'agate, l'autre à poignée et fourreau en cuivre émaillé.

39-40 — Deux fers de lance à triple lame flamboyante en damas à arêtes saillantes et gravées; les douilles en fer sont enrichies d'ornements dorés.

41 — Fer de lance à lame double en fer vermicellé.

42-43 — Quatre fers de lance à lame quadrangulaire évidée et douilles décorées d'ornements dorés. Ils seront vendus par deux.

44 — Hache d'armes à double tranchant, en fer gravé et doré sur fond bleu.

45 — Hache d'armes analogue à celle qui précède ; le manche
de celle-ci est en fer gravé et argenté.

46 — Deux pièces : masse d'armes en fer à manche gravé et
damasquiné en argent, et hachette en fer damasquiné en
argent.

47 — Chemise en mailles rivées, avec collet découpé en
pointes.

48 — Amorçoir en cuivre, à fleurs et oiseaux découpés à
jour.

Bronzes

49 — Deux flambeaux en bronze, entièrement couverts d'arabesques et d'inscriptions gravées.

Quoique d'un décor différent, ces deux pièces peuvent
se faire pendant.

50 — Grand flambeau en bronze gravé à arabesques et ornements.

51-52 — Deux autres flambeaux analogues à celui qui précède.

Ils seront vendus séparément.

53 — Très-grand flambeau en cuivre gravé à ornements et
inscriptions, rehaussé de parties émaillées à froid.

54 — Deux autres flambeaux en cuivre, de même style que
celui qui précède.

55 — Grand flambeau à bandes parallèles gravées à ornements.

56 — Flambeau en cuivre, à large plateau rond couvert d'arabesques gravées.

57 — Carafe de kalian en cuivre gravé incrusté d'étain et enrichi de turquoises.

58 — Sept autres carafes de kalian ; l'une d'elles est ornée d'arabesques découpées à jour. Elles seront vendues par deux.

59 — Grand vase à couvercle et monté sur piédouche en cuivre gravé à ornements et étamé.

60 — Coupe ronde en cuivre gravé et étamé, décorée de figures de cavaliers, d'inscriptions et de fleurs.

61-64 — Huit bassins en cuivre jaune gravé à figures, ornements, fleurs et inscriptions. Ils seront vendus par deux.

65-67 — Six autres bassins analogues à ceux qui précèdent. Ils seront vendus par deux.

68 — Marmite en cuivre étamé gravé à ornements et animaux.

69 — Aiguière et bassin en cuivre gravé à figures et ornements.

70 — Coupe ronde en cuivre étamé à ornements, inscriptions et animaux.

71 — Coupe ronde analogue à celle qui précède, mais plus petite.

72 — Bassin rond à couvercle, de même travail.

73 — Trois bassins en cuivre étamé gravé. Ce lot sera divisé.

74 — Deux petits bassins à anse mobile, en cuivre gravé.

75 — Quatre coupes de formes diverses, en cuivre gravé.

76 — Aiguière en cuivre gravé, à rosaces.

77 — Trois plateaux ronds, dont deux repercés à jour.

78 — Deux flacons à parfums, en cuivre gravé et argenté.

79 — Deux éléphants en bronze.

80 — Lanterne de forme sphérique, en cuivre gravé et découpé à jour.

81 — Onze petits bassins ou bols en cuivre gravé et étamé.
Ce lot sera divisé.

82 — Quantité de pièces diverses en cuivre gravé, qui seront vendues par lots.

83 — Trois plateaux de kalians en cuivre, enrichis de turquoises incrustées.

84 — Lot de diverses pièces en bronze, dont trois de travail chinois.

Objets variés

85 — Kalian en argent doré et niellé enrichi de turquoises incrustées. Beau travail.

86 — Corbeille de derviche en coco sculpté à ornements et inscriptions, et garni de sa chaîne en cuivre.

87 — Jeu de sept cuillers en bois; l'une d'elles, formant l'enveloppe des six autres, est enrichie de sculptures et de parties découpées à jour.

88 — Deux boîtes en bois peint et laqué.

89 — Quatre couvertures de livres, de même travail.

90 — Cinq médailles en or.

Tapis et Étoffes

91 — Tapis de table de Recht, en drap de diverses nuances brodé en soies.

92 — Petit tapis en soie jaune d'or piquée et brodée à fleurs et ornements en soies.

93-96 — Quatre tapis persans, de diverses dimensions et de décors variés. Ils seront vendus séparément.

97 — Deux rideaux en toile imprimée.

98 — Pièce d'étoffe imperméable en poil de chameau.

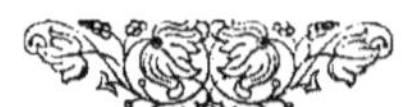